Frankfurter Backstube

Cathérine Jamin

Mit vielen Klassikern und neuen Rezepten

societäts\verlag

Layout & Satz: Julia Desch, Societäts-Verlag
Umschlaggestaltung: Julia Desch, Societäts-Verlag
Umschlagabbildung Titel: Felix Willem Bilderbeek
Umschlagabbildung Rückseite: Evgeny Karandaev/Shutterstock
Abbildungen: Felix Willem Bilderbeek
Druck und Verarbeitung: Finidr Printing House
Printed in EU 2024

ISBN 978-3-95542-477-0

Besuchen Sie uns im Internet:
www.societaets-verlag.de

Product footprint CO_2 Neutral
PBN-CFMCP-015258
www.preferredbynature.org

FSC
www.fsc.org
MIX
Papier aus verantwortungsvollen Quellen
FSC® C014138

Inhalt

Frankfurt von seiner süßen Seite

Als Konditorin habe ich jeden Tag das Privileg, den schönsten Beruf der Welt auszuüben. Tagtäglich gibt es Anlässe zum Feiern und zum Genießen. Sei es eine Torte zum Kindergeburtstag, eine Bestellung für eine Firmenfeier oder all die saisonalen Anlässe von Neujahr bis Silvester.

Mit der Frankfurter Backstube öffnet sich ein weiteres Thema meiner täglichen Arbeit, die Frankfurter Spezialitäten und andere Gesellen aus der Region... In der Konditorei meiner Familie in Frankfurt-Sachsenhausen führen wir ein breitgefächertes Angebot an regionalen Produkten. Die Bethmännchen und den Frankfurter Kranz an erster Stelle genannt. Diese kennen noch die meisten. Beim Kirschenmichel wird die Luft schon etwas dünner. Aber ein Stutzweck? Wissen Sie, was das ist?

Es ist daher sehr schön für mich, dass dieses Frankfurter Backbuch entstanden ist. Sie halten hiermit eine süße Sammlung rund um das Frankfurter Backwerk in den Händen und ich freue mich, diese Genusswelt mit Ihnen zu teilen. Lassen Sie sich von den Rezepten inspirieren und lernen Sie Frankfurt mal von der süßen Seite kennen. Probieren Sie etwas Neues. Backen Sie für sich oder zusammen mit der Familie. All dies gehört auch zum Genuss des Backens: Die Freude, etwas selbst herzustellen und dies zu teilen. Natürlich braucht es immer etwas Routine und Übung, bis einem etwas so gelingt, wie man es sich wünscht. In den Rezepturen ist einiges an Technik, Tipps und Tricks untergebracht, um Ihnen das Handwerk etwas zugänglicher zu machen. Viele Rezepte sind meist gar nicht so kompliziert, wie wir oft denken. Sobald Sie das Rezept gelesen haben, Ihre Produkte hierfür eingekauft haben z.B. auf einem regionalen Markt oder bei Ihrem Händler des Vertrauens, ist der erste Schritt zu einem leckeren Gebäck oder Kuchen schon getan. Dann nehmen Sie sich die Zeit und legen los! Ich wünsche Ihnen viele schöne Genussmomente. Lassen Sie sich mit den folgenden Seiten Frankfurt auf der Zunge zergehen.

Viel Freude beim Backen und Genießen.

Herzlichst, Cathérine Jamin

Warum sind Rezepte wichtig?

Rezepte sind für mich ein schützenswertes Kulturgut, das gepflegt werden sollte. In unserer schnelllebigen Zeit finde ich es schön, zu wissen, bzw. die Hoffnung zu haben, dass Klassiker wie der Frankfurter Kranz auch in Zukunft in guter Qualität zu erhalten sind.

Frankfurt als Metropole ist durch neue Einflüsse ständig in Veränderung. Gerade hierbei finde ich es besonders wichtig, das traditionelle Gebäck nicht aus den Augen zu verlieren. Der Geschmack von unserem Essen ist etwas, das uns seit der Kindheit prägt und uns an unser Zuhause erinnert. Das sind unsere Wurzeln und Erinnerungen. Ich finde es als Mensch wichtig, dass wir uns diese Sensibilität und Empfindung unbedingt beibehalten.

Rezepturen nachbacken oder selber verändern?

Unbedingt nachbacken! Ich backe am liebsten mit Butter. Hier wurde mir einmal die Frage gestellt, ob man nicht auch mit Sonnenblumenöl backen könne, weil weniger Kalorien bzw. gesünder. Nein, bitte nicht. Öl und Butter haben andere Backeigenschaften. Der Kuchen bekommt eine andere Konsistenz oder wird gar speckig aus dem Ofen kommen. Eine weitere Frage ist oft, ob man die Anzahl der Eier reduzieren kann. »Ich habe das Rezept mit zwei Eiern weniger gebacken und das war auch ganz lecker.« Schade. der Eischnee wäre zum Lockern gewesen und das Eigelb hätte dem Gebäck zusätzlich mehr Geschmack gegeben. Wer Rezepte schreibt, hat viel Zeit damit verbracht, diese zu rezeptieren und einen Geschmack zu kreieren. Vor allem aber macht man sich Gedanken über die Konsistenz und das Mundgefühl. Bleiben Sie bei den Angaben. Veränderung geht dort, wo sie logisch ist, z. B. die gleiche Menge Mandelgrieß durch Haselnussgrieß zu ersetzen. Denken Sie immer daran, beim Backen haben Sie nur eine Chance. Es kann nicht mehr »nachgewürzt« werden wie beim Kochen.

Was braucht es zum Backen?

Zeit! Die kann ich Ihnen natürlich nicht mitgeben, aber den Anlass, sich diese zu nehmen. In diesem Fall garantiere ich Ihnen, kommt auch etwas Leckeres dabei heraus. Mit dem Backen kann man auch gemeinsam eine schöne Zeit verbringen und dies nicht nur einmal im Jahr zum Weihnachtsplätzchen backen.

Welche Rohstoffe sollte man benutzen?

Natürlich sollten sie sein. In der Konditorei meiner Familie stehen schon seit jeher die Qualität der Grundzutaten und deren Geschmack an erster Stelle. Dies ist immer der erste Schritt, bevor es an die Produktion geht. Es beginnt mit der kleinsten Zutat, dem Salz, bis hin zu den edlen Kuvertüren, die wir verarbeiten. Wie ein roter Faden zieht sich dieser Grundgedanke durch alle Produkte. Daher sollten Sie sich beim Einkauf Ihrer Grundzutaten immer für die bessere Qualität entscheiden. Hierbei geht es nicht immer um den Preis. Verlassen Sie sich auf Ihre Sinne, gehen Sie der Nase nach und lassen Sie Ihre Augen entscheiden, welche Produkte gut genug sind. Manchmal bekommt man eine frische Ware nicht in der Qualität, wie man sie sich wünscht. Dann ist es ratsam, z. B. bei frischen Kirschen auf eine eingeweckte Variante zurückzugreifen. Vielleicht sogar aus dem eigenen Garten? Achten Sie bei verpackten Rohstoffen darauf, dass diese möglichst natürlich und keine Zusatzstoffe enthalten sind. Beim Salz bedeutet dies den Verzicht auf die Rieselhilfe, bei frischer Sahne den Verzicht auf das Carrageen. Das braucht es einfach nicht.

Und wie sieht es mit der Küchenausstattung aus?

Persönlich bin ich keine Markenbotschafterin. Daher muss ich keine Empfehlungen aussprechen, welche Geräte in Ihrer Küche stehen müssen. Ich halte es gerne einfach und simpel. Es ist schön, ein leistungsstarkes Handrührgerät zu haben. Und ja, wenn man eine Küchenmaschine mit allem Drum und Dran hat, dann ist das natürlich perfekt. Bei den Backformen sammelt sich in einem Haushalt über die Zeit das ein oder andere an. Benutzen Sie diese. Am Kindergeburtstag ist es vielleicht schöner, wenn die Küchlein in bunten Papierkapseln sind. Ansonsten sollte eine Gugelhupfform oder Springform vorhanden sein. Ich mag gerne einen Gummispatel. Damit kann man die Teige und Massen sauber aus der Schüssel holen. Ein kleines Teighorn ist nicht wegzudenken. Das benutze ich beim Teigmachen, Teigportionieren und bei großen Mengen zum Melieren von Biskuitmasse am liebsten. Sollten Sie sich zum Backen oder für die Küche eine neue Ausstattung zulegen, schauen Sie darauf, dass es Ihnen persönlich Spaß macht ,damit zu arbeiten. Egal ob es ein kleines Messer ist, welches gut in der Hand liegen soll, oder die Küchenmaschine, die Sie leicht bedienen und reinigen können.

Noch einen allgemeinen Tipp zum Schluss?

Machen Sie sich Notizen! Wenn etwas besonders gut gelungen ist oder eben auch mal nicht. Machen Sie sich nach dem Backen kleine Vermerke zu dem Rezept. Oft reicht es, sich an der Stelle ein kleines Ausrufezeichen zu setzen, wo man beim nächsten Backen besonders aufpassen muss. Beim nächsten Rezept hat man vielleicht den Eischnee zu lange aufgeschlagen und dieser ist ausgeflockt und nicht mehr cremig. Hierbei einfach das Wort cremig unterstreichen. Sie werden sehen, wie schnell man hiermit Fortschritte macht und sich daran erinnert.

Zutaten

ca. 25 Stück

ca. 40 braune Mandeln, ganz
200 g Marzipan
50 g Puderzucker
1–2 Tropfen Rosenwasser
1 Eiweiß

Material
Backblech
Backpapier

Ruhezeit: 4 Std. | Backzeit: 8 Min.

1 Die Mandeln mit heißem Wasser übergießen, anschließend zwischen die Finger nehmen und die Haut abziehen. Die Mandeln nun leicht drücken und verschieben, sodass diese in zwei Hälften auseinander fallen.

2 Marzipan und Puderzucker mit Rosenwasser homogen verkneten. Den Marzipan zu einer 25 cm langen Stange rollen, diese Rolle dann in 25 à 1 cm breite Stücke einteilen.

3 Die Marzipanstücke zu Kugeln rollen, mit je 3 halbierten Mandeln umstellen und diese mit leichtem Druck andrücken. Die Bethmännchen auf ein mit Backpapier ausgelegtes Backblech setzen.

4 Die Bethmännchen zunächst 4 Stunden trocknen lassen und anschließend bei 220 Grad Grillstufe 8 Minuten abflämmen, bis diese eine hellbraune Oberfläche haben. Die Bethmännchen aus dem Ofen nehmen, kurz abkühlen lassen und mit einem Pinsel mit etwas Eiweiß bestreichen, sodass sie schön glänzen.

Geschichte: Die Frankfurter Bethmännchen können auf eine lange Tradition zurückblicken. Ihre Geschichte begann 1838 im Hause der Frankfurter Bankiersfamilie von Bethmann. Hier wurde die kleine Köstlichkeit erstmals nach einem großen Mittagsmahl angeboten. Aus zerstoßenen Mandeln, feinem Zucker, Rosenwasser und Eiweiß formte der französische Koch der Familie kleine Kugeln, verzierte sie mit vier Mandeln und flämmte sie im Ofen ab. Die Mandeln standen für die vier Söhne der Familie: Moritz, Karl, Alexander und Heinrich. Als Heinrich 1845 jung verstarb, wurde die vierte Mandel ab da weggelassen.

Bethmännchen

Zutaten

ca. 30 Stück

400 g Marzipan
80 g Puderzucker
+ etwas mehr zum Bearbeiten
3–4 g Rosenwasser
1 Eiweiß, zum Abstreichen

Material
Backblech
Backpapier
(Model-)Rollholz, Stempel
Backpinsel

Ruhezeit: 4 Std. | Backzeit: 7–10 Min.

1 Alle Zutaten bis auf das Eiweiß zu einer homogenen Masse verkneten.

2 Die Brentenmasse mit einem Rollholz und etwas Puderzucker ca. 6 mm dick ausrollen. Den Brentenstempel auflegen und fest aufdrücken, damit die Masse die Form ausfüllt, oder mit einem Modelrollholz mit etwas Druck über die ausgerollte Masse rollen.

3 Überstehende Masse mit einem kleinen Küchenmesser sauber abschneiden, gegebenenfalls den Stempel vorsichtig von der geprägten Masse lösen. Die einzelnen Brenten an den Linien in Form schneiden und mit etwas Abstand auf ein mit Backpapier ausgelegtes Backblech legen. Den Vorgang wiederholen, bis die Masse aufgebraucht ist.

4 Die Brenten gut 4 Stunden trocknen lassen. Den Ofen auf 230 Grad Grillstufe vorheizen und das Backblech auf oberster Schiene in den Ofen geben. Die Brenten zwischen 7–10 Minuten goldgelb abflämmen. Nach ca. 5 Minuten empfiehlt es sich, das Gebäck im Ofen zu beobachten – bei ausgerollten Gebäcken kann die Dicke des Gebäcks sich unterscheiden und Auswirkungen auf die Backzeit haben.

5 Nach dem Backen das Gebäck kurz auskühlen lassen und mithilfe eines Backpinsels mit etwas Eiweiß abstreichen. Hierdurch erhält das Gebäck seine schöne glänzende Oberfläche. Die Brenten am besten in einer Gebäckdose lagern. Das Gebäck passt sehr gut zu einer Tasse Tee.

Goethes Brenten

Zutaten

ca. 40 Stück

200 g Pistazienmarzipan
200 g Nussnougat, dunkel
100 g Edelbitterschokolade, fein gehackt
100 g Puderzucker, zum Ausrollen

Material
Rollholz
Küchensieb

1 Den Pistazienmarzipan mithilfe von einem Rollholz und etwas Puderzucker rechteckig ausrollen. Den schnittfesten Nougat mit dem Handballen etwas platt klopfen und mit dem Rollholz ebenso gleichgroß ausrollen. Die Nougatschicht auf die Pistazienschicht legen und leicht andrücken. Falls es etwas klebrig ist, am besten die Hände mit ein wenig Puderzucker bestäuben.

2 Die Marzipan-Nougatplatte in vier gleich breite Streifen schneiden und jede Bahn in 10 Würfel einteilen. Die möglichst gleich großen Stücke zwischen den Händen zu Kugeln rollen und auf einen Teller kurz im Kühlschrank kühl stellen.

3 In dieser Zeit 2/3 der Schokolade in einer Schüssel über dem Wasserbad schonend schmelzen und vom Herd nehmen. Das weitere 1/3 vorsichtig einrühren. Auf einen großen Teller etwas Puderzucker verteilen.

4 Die Marzipan-Nougatkugeln aus dem Kühlschrank nehmen. Etwas Schokolade in die Handinnenseite geben, eine Kugel nehmen, diese in den Handflächen rollen und anschließend mithilfe einer Gabel im Puderzucker wälzen. Die Frankfurter Perlen so lange im Puderzucker liegen lassen, bis die Schokolade angezogen ist.
In einem Küchensieb leicht abrollen. Mit den weiteren Perlen genauso verfahren.

Tipp:
Die Frankfurter Perlen sind schön verpackt ein tolles Geschenk oder süßes Mitbringsel.

Frankfurter Perlen

Zutaten

12 Stück

Mandelmasse
200 g Marzipan
90 g Zucker
½ TL Zitronenabrieb
1 Prise Steinsalz
2 Eiweiß
150 g Mandeln, gehobelt
150 g Edelbitterkuvertüre, zum Garnieren

Material
Backblech
Backpapier

Backzeit: 14 Min.

1 Den Backofen auf 180 Grad Ober- und Unterhitze vorheizen. In einer Schüssel alle Zutaten bis auf die gehobelten Mandeln miteinander zu einer homogenen Masse vermengen.

2 Die Mandeln auf einen flachen Teller verteilen. Mithilfe eines Esslöffels die Marzipanmasse in 12 Portionen abstechen, nach und nach auf die Mandeln geben und darin wälzen. Jeweils zu einem ca. 10 cm langen Strang rollen und C-förmig auf ein mit Backpapier ausgelegtes Backblech legen. Zwischen den einzelnen Hörnchen ein wenig Abstand halten; sie laufen beim Backen etwas breit.

3 Die Hörnchen auf mittlerer Schiene ca. 14 Minuten backen, bis die Mandeln leicht Farbe annehmen. Gut auskühlen lassen.

4 Die Kuvertüre fein hacken. 2/3 in einer Schüssel über einem Wasserbad bei geringer Hitze schmelzen lassen, vom Herd nehmen und das restliche Drittel der Kuvertüre behutsam unterrühren. Die ausgekühlten Mandelhörnchen mit den Enden ca. 3 cm tief in die leicht abgekühlte Kuvertüre tauchen, am Schüsselrand leicht abstreifen und auf Backpapier absetzen. Mit den restlichen Mandelhörnchen fortfahren. Die Kuvertüre anziehen lassen.

Tipp: Möchten Sie auf dieses Rezept im Sommer nicht verzichten, lassen Sie die Mandelhörnchen einfach ohne Schokolade.

Mandelhörnchen

Zutaten

ca. 63 Stück

- 125 g Vollmilchschokolade + 200 g zum Verschließen
- 125 g Edelbitterschokolade
- 200 g Sahne
- 50 g Blütenhonig
- 25 g Butter, weich
- 45 g Apfelbalsamessig
- 1 Platte Trüffelhohlkörper Vollmilchschokolade

Material
Küchenthermometer
Spritzbeutel
Backpapier

1 Die beiden Schokoladensorten fein hacken und in eine Schüssel geben. Sahne und Honig aufkochen und auf die Schokolade gießen. Mit einem Gummispatel behutsam die Mischung zu einer cremigen Ganache rühren. Zum Schluss die weiche Butter und den Apfelbalsam dazugeben und weiterrühren. Die Apfelbalsamfüllung auf ca. 31 Grad abkühlen lassen.

2 Die Ganache in einen Spritzbeutel mit einer kleinen runden Lochtülle einfüllen. Die Trüffelhohlkörper bis kurz unter den Rand mit Ganache füllen. Die gefüllten Hohlkörper so lange stehen lassen, bis die Füllung eine leichte Haut bekommt.

3 Zum Schließen der Trüffel die Vollmilchschokolade fein hacken, erneut 2/3 in einer Schüssel über einem Wasserbad behutsam schmelzen und vom Herd nehmen. Das letzte Drittel mit einem Gummispatel vorsichtig unterrühren, bis alle Schokoladenstücke geschmolzen sind.

4 Aus Backpapier eine kleine Spritztüte basteln. Mit einem kleinen Löffel etwas flüssige Schokolade in die Tüte füllen und diese gut verschließen. Mit einer Schere die Tütenspitze aufschneiden und mit der flüssigen Schokolade die Öffnung der Trüffel verschließen. Sobald die Schokolade angezogen ist, können die Trüffel aus der Form genommen werden. Mit der restlichen Schokolade die Trüffel nach eigenem Geschmack dekorieren.

Tipp:
Probieren Sie das Rezept doch z. B. auch mal mit einem Aprikosenbalsam und einem Lavendelblütenhonig.

Apfelbalsampralinen

Zutaten

ca. 60 Stück

Teig
200 g Butter, zimmerwarm
100 g Puderzucker
1 TL Vanillezucker
1 Prise Steinsalz
1 Eigelb
200 g Mehl, gesiebt + etwas mehr zum Ausrollen
1 EL Kakaopulver

Guss
100 g Puderzucker
2 EL Zitronensaft
2–3 Tropfen rote Lebensmittelfarbe (intensiv)

Material
Ausstecher Trikotform
2 Backbleche
Backpapier

Ruhezeit: 30 Min. | Backzeit: 8–10 Min.

1 Für den Teig Butter, Zucker, Salz, Eigelb, Mehl zu einem glatten Teig verkneten. Den Teig halbieren und unter eine Hälfte zusätzlich einen Esslöffel Kakaopulver kneten. Beide Teige leicht flach drücken und in Frischhaltefolie wickeln und kalt stellen. Die Teige mindestens 30 Minuten durchkühlen lassen.

2 Den ersten Teig aus dem Kühlschrank nehmen und zwischen zwei Bögen Backpapier ca. 3 mm hoch ausrollen, kalt legen und mit dem zweiten Teig fortfahren. Den Backofen auf 175 Grad Ober- und Unterhitze vorheizen. Wenn die Teigplatten erneut durchgekühlt sind, kann mit dem Ausstechen des Teiges begonnen werden. Das obere Backpapier abziehen, den Teig etwas mehlen und wieder abdecken. Die Teigplatte einmal drehen und jetzt das obere Backpapier abziehen. Der Teig liegt jetzt auf dem leicht gemehlten Backpapier und kann schnell und sauber ausgestochen werden. Die Plätzchen mit etwas Abstand auf ein mit Backpapier ausgelegtes Backblech legen. Mit dem zweiten Teig weiterverfahren. Die Bleche nacheinander auf mittlerer Schiene ca. 8–10 Minuten backen. Das Schwarz-Weiß-Gebäck anschließend auskühlen lassen.

3 Für die rote Version aus Puderzucker, Zitronensaft und roter Farbe eine Zuckerglasur herstellen. Die Trikots mithilfe eines Backpinsels mit der roten Glasur bestreichen und zum Trocknen wieder auf das Backpapier legen.

Tipp: Der Teig kann natürlich auch mit Ihren Lieblingsmotiven ausgestochen werden.

Schwarz-Weiß-Gebäck

Zutaten

ca. 10 Sets

100 g Butter, weich
60 g Puderzucker, gesiebt
1 TL Vanillezucker
½ TL Zitronenabrieb
1 Prise Salz
1 Eigelb
140 g Mehl, gesiebt + etwas Mehl zum Bearbeiten
50 g Haselnussgrieß (alternativ gemahlene Haselnüsse)
etwas Kristallzucker, zum Bestreuen

Material
2 Backbleche
Backpapier

Ruhezeit: 1 Std. | Backzeit: 6–7 Min.

1 Aus den aufgeführten Zutaten einen glatten lockeren Mürbeteig kneten. Den Teig in Folie packen und mindestens 1 Stunde kalt legen.

2 Den Backofen auf 175 Grad Ober- und Unterhitze vorheizen. Die Backbleche mit Backpapier auslegen.

3 Den Teig aus dem Kühlschrank nehmen und auf einer leicht bemehlten Arbeitsfläche in drei Teile teilen. Jedes Teigstück zu einer Stange rollen und in gleichmäßige Stücke teilen. Diese Stücke erst zu einer Kugel rollen. Anschließend zu einem kleinen Röllchen rollen, welches zu den Enden leicht spitz zuläuft.

4 Die Teigröllchen zu der jeweiligen Ziffer 0, 6 und 9 formen und mit etwas Abstand auf die Backbleche verteilen. Die Bleche nacheinander auf mittlerer Schiene 6 - 7 Minuten backen, bis die Spitzen leicht Farbe bekommen. Anschließend die Kekse noch warm mit Kristallzucker bestreuen und auskühlen lassen.

Tipp:
Der Teig schmeckt auch sehr lecker, wenn Sie statt dem Haselnussgrieß gemahlene Walnüsse oder Mandelgrieß verwenden.

069er-Kekse

Zutaten

ca. 40 Stück

300 g Vollmilchschokolade
50 g Apfelchips, grob gehackt
50 g Rosinen oder getrocknete Sauerkirschen
50 g Cornflakes

Material
2 Backbleche
Backpapier

1 Die Schokolade fein hacken. 2/3 in einer mittleren Schüssel über einem Wasserbad schmelzen und vom Herd nehmen. Anschließend das weitere Drittel vorsichtig in die flüssige Schokolade einrühren, bis alle Stückchen geschmolzen sind.

2 Die trockenen Zutaten in die geschmolzene Schokolade geben und alles miteinander vermengen.

3 Die Backbleche mit Backpapier auslegen. Mit einem Esslöffel etwas von der Schokoladen-Crunchmasse abstechen und auf das Backpapier setzen. Zwischen den einzelnen Schokohäufchen etwas Platz lassen und mit der restlichen Masse weiterverfahren.

4 Den Adlercrunch an einem kühlen Ort fest werden lassen. Nachdem die Schokolade fest ist, kann das Konfekt in einer Dose aufbewahrt oder in kleine Tüten mit Schleife zum Verschenken verpackt werden.

Tipp: Die Rezeptur können Sie auch mit einer Edelbitterschokolade herstellen. Der Geschmack wird dadurch etwas herber und weniger süß.

Adlercrunch

Zutaten

36 Stück

75 g Kokosfett
225 g Edelbitter-schokolade
100 g Nussnougat, weich
100 g Kakaopulver

Material
2 Eiswürfelformen à 18 Stück

Ruhezeit: über Nacht

1 Das Kokosfett in einem kleinen Topf auflösen und auf Körpertemperatur abkühlen lassen. Die Schokolade fein hacken, 2/3 in eine Schüssel geben und über einem Wasserbad behutsam schmelzen. Die Schüssel vom Herd nehmen und das weitere Drittel einrühren, bis alle Schokoladenstückchen gelöst sind. Weiterrühren, bis die Schokolade komplett aufgelöst ist. Den Nougat nun in die Schokolade geben und unterrühren. Das abgekühlte Kokosfett dazu gießen und alles miteinander mischen.

2 Zwei Eiswürfelformen auf einen Teller oder Blech stellen. Die Schokoladenmasse gleichmäßig auf die Formen verteilen und direkt in den Kühlschrank stellen. Die Pflastersteine am besten über Nacht durchkühlen lassen.

3 Am nächsten Tag etwas Kakaopulver auf einen großen Teller geben, die Pflastersteine aus der Form drücken und im Kakaopulver wälzen, bis diese komplett ummantelt sind. Die Pflastersteine schmecken leicht gekühlt am besten.

Tipp:
Statt großem Dessert passen die Frankfurter Pflastersteine ideal zu einem Espresso.

Frankfurter
Pflastersteine

Zutaten

ca. 30 Stück

11 Blatt Gelatine
500 g Apfelsaft
50 g Zucker
Saft einer ½ Zitrone

Material
eckige Auflaufform
Lebensmittelfolie

Ruhezeit: mind. 5 Std.

1 Die Gelatine in kaltem Wasser einweichen. Apfelsaft mit Zucker und Zitronensaft in einem Topf aufwärmen, bis sich der Zucker gelöst hat.

2 Eine Auflaufform mit Lebensmittelfolie auslegen. Die Gelatine gut ausdrücken und in den noch warmen Apfelsaft einrühren. Den Saft in die Auflaufform schütten und mindestens 5 Stunden oder über Nacht kalt stellen.

3 Die Geleeplatte aus der Form lösen und mit einem glatten großen Messer in Rauten schneiden. Hierfür die Platte in Streifen schneiden und anschließend in einem Winkel von ca. 30 Grad in Rauten schneiden.

4 Die Apfelgelee-Rauten auf eine Platte absetzen oder direkt auf kleine Teller verteilen und mit geschlagener Sahne oder Vanillesoße servieren. Im Kühlschrank lagern und innerhalb von 1–2 Tagen verbrauchen.

Tipp:
Sie können die Gelatine auch durch Agar-Agar ersetzen. Beachten Sie hier die auf der Verpackung angegebene Menge vom Hersteller.

Apfelgelee-Rauten

Zutaten

10 Stück

70 g Butter
150 g Zucker
250 g Mehl, gesiebt + etwas mehr zum Bearbeiten
½ Päckchen Backpulver
½ TL Zimt
½ TL Lebkuchengewürz
1 Ei
35 g Milch + etwas mehr zum Bestreichen

Material
2 Backbleche
Backpapier

Ruhezeit: 1 Std. | Backzeit: 13–15 Min.

1 Butter und Zucker mithilfe einer Küchenmaschine schaumig schlagen. Mehl mit Backpulver und Gewürzen mischen. Die Mischung mit dem Ei und der Milch zur Buttermasse geben und zu einem glatten Teig kneten. Den Teig in Folie packen und mindestens 1 Stunde im Kühlschrank ruhen lassen.

2 Den Backofen auf 180 Grad Ober- und Unterhitze vorheizen. Die Backbleche mit Backpapier auslegen.

3 Den Teig aus dem Kühlschrank nehmen und auf einer leicht bemehlten Arbeitsfläche auf ca. 26 x 25 cm zu einem Rechteck, ca. 4 mm dick ausrollen. Das Rechteck der Breite nach halbieren, sodass zwei Teile à 13 x 25 cm entstehen. Anschließend die Teigplatten in 5 cm breite Streifen schneiden.

4 Die Teigstreifen mit etwas Abstand auf die vorbereiteten Bleche legen, mithilfe eines Lineals kantig formen und mit einem Messer leicht kreuz und quer einritzen (rautenförmig). Die Haddekuchen vor dem Backen mit etwas Milch bestreichen. Im Ofen 13–15 Minuten goldgelb backen. Nach dem Backen gut auskühlen lassen und in einer Dose aufbewahren.

Tipp: Benutzen Sie den Teig auch für Ihre Weihnachtsplätzchen. Die Haddekuchen einfach mit einem kleineren rautenförmigen Ausstecher ausstechen.

Haddekuche

Zutaten

Biskuitmasse
7 Eier
175 g Zucker
185 g Mehl + etwas mehr für die Form
45 g Butter, flüssig + etwas mehr für die Form

Buttercreme
20 g Speisestärke
400 g Milch
3 Eigelbe
75 g Zucker
½ Vanilleschote
250 g Butter, zimmerwarm
20 g Rum

Läuterzucker
130 g Zucker
100 g Wasser

Tränke
50 g Läuterzucker
10 g Rum

Belag
200 g Mandelkrokant
8 kandierte rote Belegkirschen

Material
Kranzform, Ø 28 cm

Backzeit: 25 Min.

1 Den Backofen auf 180 Grad Ober- und Unterhitze vorheizen. Die Form mit Butter fetten und mit Mehl bestäuben.

2 Für den Biskuitboden die Eier und den Zucker in einer Schüssel über einem Wasserbad mit einem Handrührgerät cremig aufschlagen und anschließend kalt schlagen, bis die Masse einen guten Stand hat. Das Mehl mit einem Gummispatel zügig unterheben und zum Schluss die flüssige Butter hinzugeben. Die Masse direkt in die vorbereitete Form geben und auf mittlerer Schiene ca. 25 Minuten backen.

3 Für die Buttercreme Speisestärke mit etwas kalter Milch anrühren, Eigelbe zugeben und glatt rühren. Restliche Milch, Zucker und Vanillemark aufkochen, den Speisestärke-Ansatz mit einem Schneebesen einrühren und unter ständigem Rühren zu einer Creme einkochen. In eine Schüssel füllen, mit Frischhaltefolie abdecken und auskühlen lassen. Die Butter mit einem Handrührgerät gut aufschlagen, die Creme nach und nach dazugeben und zum Schluss den Rum unterrühren.

4 Für die Tränke zunächst Zucker und Wasser in einem kleinen Topf aufkochen lassen, etwas abkühlen lassen und 50 g hiervon mit Rum mischen. Den Biskuitboden zweimal durchschneiden. Den ersten Boden mit etwas Tränke beträufeln und mit einem Viertel der Creme bestreichen, den zweiten Boden auflegen. Auch diesen Biskuitboden mit Tränke beträufeln und mit einem weiteren Viertel der Creme bestreichen. Nun den dritten Boden auflegen. Etwas Creme für die Rosetten beiseitestellen, mit der restlichen Creme den Kranz komplett einstreichen und mit Krokant einstreuen. Die restliche Creme in einen Spritzbeutel mit kleiner Sterntülle füllen. Den Kranz mit Rosetten dekorieren und je mit einer halben kandierten Kirsche belegen. Vor dem Servieren nochmals gut durchkühlen lassen.

Geschichte: Der Frankfurter Kranz ist mit seiner ringförmigen Form und der Hülle aus Krokant das Abbild einer goldenen Krone, welche an die Kaiserkrönungen in Frankfurt erinnern soll. Die Belegkirschen symbolisieren dabei die Rubine der Krone.

Frankfurter Kranz

Zutaten

Hefeteig
30 g Hefe, frisch
240 g Milch
500 g Mehl, gesiebt
+ etwas mehr zum Kneten
80 g Zucker
2 Eier
2 TL Vanillezucker
1 TL Zitronenabrieb
2 Prisen Salz
100 g Butter, weich
+ etwas mehr für die Form

Riwwel (Streusel)
200 g Butter, weich
200 g Zucker
2 TL Vanillezucker
2 TL Zitronenabrieb
400 g Mehl, gesiebt

1 Ei
20 g Butter, flüssig

Material
Backblech
Rollholz

Ruhezeit: 1:15 Std. | Backzeit: 30 Min.

1 Zunächst das Backblech gut einfetten.

2 Für den Teigansatz die Hefe in eine Schüssel bröseln. Diese mit der Hälfte der Milch auflösen, ca. 100 g Mehl dazugeben und alles zusammen zu einem Teig verkneten. Abgedeckt 15 Minuten ruhen lassen.

3 Die weiteren Zutaten, bis auf die restliche Milch und die Butter, dazugeben und miteinander verkneten. Anschließend erst die restliche Milch zuschütten, weiterkneten und dann zum Schluss die Butter dazugeben und wiederum weiterkneten, bis sich der Teig von der Schüssel löst. Den Teig abgedeckt ca. 45 Minuten gehen lassen.

4 Für die Riwwel alle Zutaten mit den Händen oder der Küchenmaschine verkneten, zu Streuseln zerbröseln und kalt stellen.

5 Den Hefeteig auf einer leicht bemehlten Arbeitsfläche mit einem Rollholz rechteckig ausrollen, sodass dieser der Grundfläche des Backblechs entspricht. Den Teig auf das vorbereitete Backblech legen. Mithilfe einer Gabel den Teig vorsichtig mehrfach einstechen.

6 Das Ei mit der flüssigen Butter verquirlen und flächig auf die Teigoberfläche geben. Die Riwwel aus dem Kühlschrank holen und gleichmäßig auf dem Hefeteig verteilen. Den Kuchen nochmals 15 Minuten an einem warmen Ort gehen lassen.

7 Den Ofen in dieser Zeit auf 180 Grad Ober- und Unterhitze vorheizen. Den Riwwelkuchen auf mittlerer Schiene 30 Minuten backen. Den Kuchen anschließend auskühlen lassen und in rechteckige Stücke schneiden.

Tipp: Das Hefeteig-Rezept können Sie auch als Basisrezept für andere Kuchen verwenden.

Riwwelkuchen

Zutaten

200 g Butter, weich + etwas mehr für die Form
200 g Zucker
2,5 g Steinsalz
4 Eier
200 g Mehl, gesiebt
115 g Mandelgrieß (alternativ gemahlene Mandeln) + etwas mehr für die Form
10 g Backpulver
400 g Äpfel (geschält), fein gewürfelt

Material
große Gugelhupfform
Backpapier

Backzeit: 50–60 Min.

1 Die Gugelhupfform sorgfältig buttern und mit Mandelgrieß ausstreuen. Den Backofen auf 180 Grad Ober- und Unterhitze vorheizen.

2 Für die Masse Butter, Zucker und Salz schaumig schlagen. Die Eier nach und nach dazugeben. Das Mehl mit Backpulver und Mandelgrieß mischen und unter die aufgeschlagene Butter-Eimasse rühren. Die fein gewürfelten Apfelstücke zum Schluss unter die Rührkuchenmasse geben und in die vorbereitete Form füllen.

3 Den Kuchen auf mittlerer Schiene 50 - 60 Minuten backen. Nach 45 Minuten den Kuchen mit einem Bogen Backpapier abdecken. Vor dem Ausbacken mithilfe eines Schaschlikspießes eine Garprobe machen. Hierfür mit dem Spieß in den Kuchen stechen, wenn kein Teig mehr am Spieß kleben bleibt, ist der Kuchen gar. Den Kuchen auf ein Gitter stürzen und vollständig auskühlen lassen.

Tipp: Die Kuchenmasse können Sie auch in mehreren kleinen Förmchen backen.

Sachsenhäuser
Apfelgugelhupf

Zutaten

200 g Mehl
60 g Maisstärke
10 g Backpulver
9 Eier
300 g Zucker + etwas mehr für die Form
2 g Salz
½ TL Zitronenabrieb
etwas weiche Butter für die Form

Material
große Gugelhupfform
Backpapier

Backzeit: 44 Min.

1 Den Backofen auf 170 Grad Ober- und Unterhitze vorheizen. Die Gugelhupfform sorgfältig buttern und zuckern.

2 Für den Biskuit die trockenen Zutaten bis auf den Zucker und das Salz miteinander auf ein Backpapier sieben. Die Eier trennen. Eiweiß mit 2/3 vom Zucker und dem Salz cremig steif aufschlagen. Die Eigelbe mit dem restlichen Zucker und dem Zitronenabrieb in einer großen Schüssel cremig aufschlagen. Mit einem Gummispatel die Eiweißmasse nach und nach unter die Eigelbmasse rühren und die Mehlmischung locker unterziehen. Die Masse direkt in die vorbereitete Form geben.

3 Die Form auf ein Ofengitter stellen und auf mittlerer Schiene backen. Nach 22 Minuten den Kuchen mit einem Backpapier abdecken und weitere 22 Minuten ausbacken. Nach dem Backen auf ein Gitter stürzen und auskühlen lassen.

Tipp:
Dieser Biskuit schmeckt ganz hervorragend zu einem prickelnden Apfelschaumwein oder einem Riesling Sekt. Ein paar frische Erdbeeren dazu und einem süßen Apéro um 11 Uhr steht nichts mehr im Wege.

Biskuit St. Cathérine

Zutaten

Mürbeteig
150 g Butter, zimmerwarm + etwas mehr für die Form
100 g Zucker
1 Prise Steinsalz
1 Ei
250 g Mehl, gesiebt + etwas mehr zum Ausrollen
½ TL Backpulver

Quarkfüllung
80 g Mehl
200 g Zucker
100 g Milch
4 Eier
½ TL Zitronenabrieb
1 TL Vanillezucker
1 Prise Steinsalz
750 g Speisequark, 20 %

Material
Springform, Ø 26 cm
Backpapier
Frischhaltefolie

Backzeit: ca. 60 Min.

1 Aus den angegebenen Zutaten einen homogenen Teig herstellen. Den Teig etwas platt drücken, in Folie packen und kalt stellen.

2 Für die Quarkfüllung das Mehl mit dem Zucker mischen. Mit Milch und Eiern verrühren, den Zitronenabrieb und Vanillezucker einrühren und mit Salz abschmecken. Anschließend den Quark dazugeben und das Ganze glatt verrühren.

3 Den Backofen auf 180 Grad Ober- und Unterhitze vorheizen. Den Springformboden mit Backpapier auslegen. Gut zwei Drittel vom Teig für den Springformrand auf Springformhöhe ausrollen. Einen langen Streifen zuschneiden, zu einer Schnecke aufrollen und kalt legen. Den restlichen Teig möglichst rund ausrollen und den Springformboden damit auslegen, überstehenden Teig entfernen. Den Teigboden auf mittlerer Schiene 15 Minuten anbacken und auskühlen lassen.

4 Den Rand der Springform fetten, den vorbereiteten Teigrand aus dem Kühlschrank in die Form einlegen und leicht andrücken. Überstehenden Teig mit einem kleinen Messer abschneiden. Die Quarkfüllung einfüllen und den Kuchen 40 – 45 Minuten backen. Den Kuchen vor dem Anschnitt in der Form vollständig auskühlen lassen.

Tipp:
Der Kuchen kann zum Auskühlen auch auf einen Kuchendraht gestürzt werden. Hierfür den Kuchen in der Form lassen. Zum Ausformen den Kuchen wieder drehen. Die Oberfläche des Kuchens ist dann schön glatt.

Odenwalder
Käsekuchen

Zutaten

Teig
150 g Butter, weich
1 Prise Steinsalz
1 Prise Zucker
250 g Mehl, gesiebt
1 Ei
1 EL Wasser, kalt
3–4 Äpfel

Apfelweingelee
1 Päckchen Tortengelee, klar
ca. 250 ml Apfelwein (oder alternativ Apfelsaft)
2 EL Zucker
1 Spritzer Zitronensaft

Material
Backblech
Backpapier

Ruhezeit: 1 Std. | Backzeit: 30 Min.

1 Aus den angegebenen Zutaten einen glatten homogenen Teig kneten und in Frischhaltefolie mindestens eine Stunde im Kühlschrank kalt legen.

2 Die Äpfel waschen, schälen, in dünne Scheiben schneiden und beiseitestellen. Den Backofen auf 180 Grad Ober- und Unterhitze vorheizen.

3 Den Teig aus dem Kühlschrank nehmen, auf eine mit Backpapier ausgelegte Arbeitsfläche geben. Den Teig mit einem weiteren Backpapier abdecken und zwischen den Backpapieren ca. 30 cm kreisrund ausrollen und auf ein Backblech legen.

4 Das obere Backpapier abziehen und den Teig im Inneren mit den vorbereiteten Apfelscheiben belegen. Beim Belegen einen ca. 4 cm breiten Rand frei lassen. Den äußeren Rand zur Mitte hin einklappen und den Apfelkuchen auf mittlerer Schiene 30 Minuten backen.

5 In dieser Zeit das Tortengelee nach Verpackungsangabe herstellen. Statt der angegebenen Wassermenge Apfelwein verwenden. Den Kuchen nach dem Backen auskühlen lassen und mit dem Apfelweingelee großzügig bestreichen.

Tipp:
Servieren Sie den Kuchen lauwarm als Dessert z. B. mit einer Kugel Schmandeis.

Apfelkuchen mit Apfelweingelee

Zutaten

Streusel
100 g Butter, weich
100 g Rohrzucker
150 g Mehl, gesiebt
50 g Mandelgrieß (alternativ gemahlene Mandeln)
2 Prisen Steinsalz
2 Prisen Zimt

Kirschfüllung
30 g Speisestärke
70 g Zucker
350 g entsteinte Ockstädter Kirschen
400 g roten Fruchtsaft, z. B. Kirsche oder 1 Glas Schattenmorellen
½ Zitrone, Saft
1 Prise Zimt

Material
kleine Auflaufform

Backzeit: 30–35 Min.

1 Für die Streusel alle aufgeführten Zutaten verkneten, zu Streuseln zerbröseln und kalt stellen.

2 Den Backofen auf 180 Grad Ober- und Unterhitze vorheizen. Speisestärke mit Zucker mischen und mit etwas kaltem Kirschsaft anrühren. Den restlichen Saft aufkochen, Speisestärken-Ansatz mit einem Schneebesen einrühren und unter ständigem Rühren kochen, bis der Guss klar ist. Von der Herdplatte nehmen, die Kirschen unterheben und mit Zitronensaft und Zimt abschmecken.

3 Die Kirschfüllung in die Auflaufform füllen, glatt verstreichen und mit den kalten Streuseln großzügig bedecken. Die Auflaufform auf dem Rost auf mittlerer Schiene 30 – 35 Minuten backen. Den Ockstädter Kirschstreusel leicht auskühlen lassen. Wenn man möchte, mit Schlagsahne servieren.

Tipp:
Ein tolles Rezept, um mit den Kindern ihren ersten selbstgebackenen Kuchen zu machen.

Ockstädter Kirschstreusel

Zutaten

1 Glas Schattenmorellen
5 Eier
100 g Zucker
1 Prise Salz
125 g Butter + etwas mehr für die Form
100 g Marzipan
1 TL Vanillezucker
½ TL Zitronenabrieb
2 Prisen Zimt
20 g Speisestärke
50 g Mehl + etwas mehr für die Form
5 g Backpulver
75 g Semmelbrösel
50 g Haselnussgrieß (alternativ gemahlene Haselnüsse)
Puderzucker, zum Bestäuben

Material
Springform, Ø 26 cm

Backzeit: 45–50 Min.

1 Den Ofen auf 180 Grad Ober- und Unterhitze vorheizen. Die Form buttern und leicht mit Mehl bestäuben. Die Schattenmorellen in ein Sieb geben und abtropfen lassen.

2 Die Eier trennen. Das Eiweiß mit Zucker und Salz aufschlagen. Die Butter, Marzipan, Eigelbe und Gewürze schaumig schlagen. Ein Drittel des Eischnees mit dem Gummispatel unter die Buttermasse heben. Die trockenen Zutaten mischen und mit dem restlichen Eischnee zügig unter die Buttermasse heben.

3 Zum Schluss die abgetropften Kirschen unterheben, die Masse direkt in die vorbereitete Form geben, kurz glatt streichen und rasch in den Ofen schieben. Der Kirschenmichel backt auf mittlerer Schiene ca. 45–50 Minuten.

4 Den Kuchen nach dem Backen auf einem Küchengitter gut auskühlen lassen, vor dem Servieren die Springform lösen und den Kirschenmichel mit etwas Puderzucker bestäuben.

Tipp:
In der Kirschensaison können Sie den Kirschenmichel auch mit frischen Kirschen machen. Hierfür die gewaschenen und entstielten Kirschen unter die Masse heben.

Kirschenmichel

Zutaten

12 Stück

Biskuitmasse
6 Eier
150 g Zucker
150 g Mehl, gesiebt
1 Prise Steinsalz

Knuspercrunch
60 g Mandeln, gehobelt/Mandelblättchen
20 g Puderzucker

Creme
10 g Speisestärke
200 g Milch
2 Eigelbe
35 g Zucker
½ Vanilleschote
125 g Butter, zimmerwarm

200 g rote Konfitüre
12 kandierte Cocktailkirschen

Material
eckiger Backrahmen
Backpapier
12 Zahnstocher/kleine Schaschlikspieße

Ruhezeit: 1 Std. | Backzeit: 22 Min.

1 Den Backofen auf 180 Grad Ober- und Unterhitze vorheizen. Den Backrahmen mit Backpapier einschlagen und darauf achten, dass der Rahmen das Maß 20 x 30 cm hat. Für die Biskuitmasse die Eier mit dem Zucker 5 Minuten cremig schlagen, bis die Masse ein schönes Volumen hat. Das Mehl dazugeben und mit einem Gummispatel vorsichtig von außen nach innen unterheben. Die Biskuitmasse zügig in den vorbereiteten Backrahmen füllen und auf mittlerer Schiene 22 Minuten backen. Den Biskuitboden komplett auskühlen lassen.

2 Für den Knuspercrunch die Mandelblättchen mit dem Puderzucker in eine Pfanne geben. Bei mittlerer Stufe unter ständigem Rühren goldgelb karamellisieren. Beiseitestellen und auskühlen lassen.

3 Für die Creme Speisestärke mit etwas kalter Milch anrühren, Eigelbe zugeben und glattrühren. Restliche Milch, Zucker und Vanillemark aufkochen, den Speisestärken-Ansatz mit einem Schneebesen einrühren und unter ständigem Rühren zu einer Creme kochen. In eine Schüssel füllen, mit Frischhaltefolie abdecken und auskühlen lassen. Die Butter mit einem Handrührgerät gut aufschlagen, die Creme nach und nach dazugeben.

4 Den Biskuitboden aus dem Rahmen schneiden. Die obere Backhaut entfernen und den Boden einmal waagerecht durchschneiden. Beide Böden mit je einer Hälfte der roten Konfitüre bestreichen. Anschließend die Creme auf beide verteilen, glatt verstreichen. Den Knuspercrunch nur auf einen Boden streuen. Die Biskuitböden wie ein Sandwich zusammenklappen, gut andrücken und das Ganze mindestens 1 Stunde im Kühlschrank durchkühlen lassen.

5 Den gefüllten Biskuitboden aus dem Kühlschrank nehmen. Die Sandwiches in 10 x 10 cm große Quadrate und anschließend über Eck in Dreiecke schneiden. Auf einen Schaschlikspieß eine kandierte Kirsche spießen und dies in je ein Sandwich stecken. Fertig!

Tipp:
Die Sandwiches eignen sich perfekt für ein »Frankfurter Picknick«. Einfach vorher gut durchkühlen lassen oder in einer Kühltasche mit in den Park oder an den Main nehmen.

Süßes Sandwich »Frankfurt Style«

Zutaten

14 Stück

Hefeteig
15 g Hefe, frisch
120 g Milch
250 g Mehl, gesiebt + etwas mehr zum Bearbeiten
40 g Zucker
1 Ei
½ TL Zitronenabrieb
1 TL Vanillezucker
1 Prise Salz
50 g Butter, weich

Füllung
3–4 kleine Äpfel
100 g Butter, flüssig
40 g Zucker
2 TL Zimt

2–3 EL Aprikosenkonfitüre, zum Bestreichen

Material
Backblech/Muffinblech
Backpapier
Muffinförmchen
Rollholz

Ruhezeit: 1 Std. | Backzeit: 20 Min.

1 Für den Hefeteig die Hefe in eine große Schüssel bröckeln, die Milch dazugeben und die Hefe darin aufschlämmen. Alle weiteren Zutaten für den Teig außer der Butter dazugeben und verkneten. Zum Schluss noch die Butter zufügen und den Teig kneten, bis sich dieser vom Schüsselrand löst und glatt ist. Den Teigballen abgedeckt ca. 45 Minuten ruhen lassen.

2 Den Teig aus der Schüssel nehmen und auf einer leicht bemehlten Arbeitsfläche mithilfe von einem Rollholz auf ca. 28 x 40 cm ausrollen. Die Teigplatte auf ein mit Backpapier ausgelegtes Backblech legen und dieses 5–10 Minuten in den Kühlschrank stellen. In dieser Zeit die Äpfel waschen und anschließend in feine Spalten schneiden und beiseitestellen.

3 Den Ofen auf 180 Grad Ober- und Unterhitze vorheizen. Die Teigplatte aus dem Kühlschrank und vom Backblech nehmen. Anschließend komplett mit flüssiger Butter bestreichen und mit Zimtzucker bestreuen. Danach den Teig halbieren, sodass ein Maß von 28 x 20 cm entsteht. Die beiden Teigplatten in je 7 Streifen à 4 cm teilen. Die Streifen mit den vorbereiteten Apfelscheiben fächerförmig belegen, zügig aufrollen und in Papier- oder Muffinförmchen setzen.

4 Den Teig in den Förmchen nochmals 10 Minuten gehen lassen und auf mittlerer Schiene 20 Minuten goldgelb backen. Die Apfelzimtrosen nach dem Backen mit etwas heißer Aprikosenkonfitüre bepinseln.

Tipp:
Lauwarm mit etwas Vanillesoße ist dieses Rezept auch ein toller Nachtisch!

Apfelzimtrosen

Zutaten

12 Stück

Hefeteig
30 g Hefe, frisch
240 g Milch, zimmerwarm
500 g Mehl, gesiebt + etwas mehr zum Bearbeiten
80 g Zucker
2 Eier + 1 zum Bestreichen
1 TL Zitronenabrieb
2 TL Vanillezucker
100 g Butter, weich

Material
2 Backbleche
Backpapier
Backpinsel

Geschichte

Die Stutzweck sind das Frankfurter Neujahrsgebäck. Die kleinen abgekurbelten Teigköpfchen symbolisieren Anfang und Ende des Jahres. Die im Zickzack-Muster eingeschnittenen Kluster stehen dabei für die Monate. Die Stutzweck wurden früher klassisch in der Neujahrsnacht gereicht, wenn das ein oder andere Glas getrunken war und man etwas zum Beißen benötigt hat. Heute sieht man das Frankfurter Neujahrsgebäck eher an der gedeckten Tafel zum Neujahrsfrühstück/-brunch.

Ruhezeit: 1:20 Std. | Backzeit: 15 Min.

1 Für den Teigansatz die Hefe in eine Schüssel bröckeln. Die Hälfte der Milch zugießen und mit ca. 100 g Mehl zu einem Ansatz verkneten, bis sich ein Ballen bildet. Mit einem Tuch abdecken und 15 Minuten gehen lassen.

2 Die restlichen Zutaten außer die restliche Milch und die Butter in eine große Schüssel geben. Den Teigansatz dazugeben und miteinander verkneten. Anschließend die Milch dazugießen und zum Schluss die weiche Butter. Den Teig so lange kneten, bis dieser sich vom Schüsselrand löst. Den Teig erneut abdecken und ca. 45 Minuten gehen lassen.

3 Den Teig aus der Schüssel auf eine leicht bemehlte Arbeitsfläche geben und in 12 Teile à ca. 85 Gramm teilen, zu Kugeln rollen und kurz ruhen lassen. Sind die Hände oder der Teig zu feucht, die Kugeln mit etwas Mehl bestäuben. Die Kugeln anschließend auf ca. 15 cm Länge rollen und erneut kurz ruhen lassen. Beim Aufarbeiten darauf achten, dass der Teig möglichst trocken bleibt. Daher immer nur so viel Druck mit den Händen ausüben, damit der Teig noch genug Raum hat und nicht einreißt. Die Teigrolle vor sich legen und rechts und links an der Rolle je ein Stück vom Teig leicht abdrehen, sodass an jeder Seite eine kleine Kugel entsteht. Diese sollen am Teigling dranbleiben und nicht komplett durchtrennt sein.

4 Die Stutzweck nun auf ein mit Backpapier ausgelegtes Backblech legen. Optimal sind pro Backblech 6 Stück mit ausreichend Abstand zueinander.

5 Die Teiglinge mit einem dünnen Tuch abgedeckt nochmal 10–15 Minuten gehen lassen. Den Backofen auf 180 Grad Ober- und Unterhitze vorheizen.

6 Anschließend das Ei verquirlen und die Stutzweck mithilfe eines Backpinsels bestreichen und mit einer Schere das mittlerer Teigstück im Zickzack-Muster einschneiden. Sollte der Teig an der Schere kleben bleiben, kann man die Schere in eine kleine Schüssel mit etwas kaltem Wasser eintauchen.

7 Die Stutzweck ca. 15 Minuten goldgelb ausbacken.

Frankfurter Stutzweck

Zutaten

8 Stück

80 g Butter, zimmerwarm + etwas mehr für die Förmchen
50 g Zucker
80 g Marzipan
½ TL Zitronenabrieb
½ TL Vanillezucker
1 Prise Salz
2 Eier
100 g Mehl, gesiebt
½ TL Backpulver
100 g Blaubeeren, frische

Material
8 Muffinförmchen
Spritzbeutel

Frankfurt to go

Backzeit: 22 Min.

1 Den Backofen auf 180 Grad Ober- und Unterhitze vorheizen. Die Förmchen gut fetten.

2 Die Butter, Zucker, Marzipan und Gewürze schaumig schlagen. Nach und nach die Eier dazugeben. Das Backpulver mit dem Mehl mischen und zum Schluss unterrühren.

3 Die Masse in einen Spritzbeutel füllen und gleichmäßig auf die Förmchen verteilen. Die Förmchen etwas auf die Arbeitsfläche klopfen, damit sich die Masse verteilen kann. Anschließend die Blaubeeren waschen, auf ein Küchenkrepp geben und auf die gefüllten Förmchen streuen.

4 Die Förmchen nun auf ein Backblech stellen und auf mittlerer Schiene im vorgeheizten Backofen ca. 22 Minuten goldgelb backen. Auf einem Kuchengitter auskühlen lassen und aus den Förmchen lösen.

Tipp:
Backen Sie diese Financiers statt Muffins mit Ihren Kindern oder Enkeln. Sie werden sie lieben.

Financ(z)iers

Zutaten

ca. 15 Stück

Teig
250 g Edelbitterkuvertüre, fein gehackt
125 g Butter, zimmerwarm
100 g Mehl
60 g Puderzucker
100 g Mandeln, gemahlen
5 Eier
50 g Zucker
1 Prise Salz

Ganache
2 Blatt Gelatine
100 g Milch
200 g Sahne
130 g Edelbitterkuvertüre, fein gehackt

Material
Rechteckiger Backrahmen (18 x 27 cm)
Spritztülle und -beutel
Blattgold

Backzeit: 25–30 Min.

1 Für die Schokoladenganache die Gelatine in kaltem Wasser einweichen. Die fein gehackte Kuvertüre in eine Schüssel geben. Milch und Sahne in einem kleinen Topf erhitzen und auf die Schokolade gießen. Mit einem Gummispatel alles miteinander verrühren und kurz abkühlen lassen. Die Gelatine gut ausdrücken und noch unter die warme Ganache rühren. Mit Frischhaltefolie abdecken und kalt stellen. Den Backofen auf 180 Grad Ober- und Unterhitze vorheizen. Den Backrahmen mit Backpapier einschlagen und auf ein Backblech platzieren.

2 Die fein gehackte Kuvertüre und die Butter in einer Schüssel über einem Wasserbad schonend schmelzen. Mehl und Puderzucker miteinander sieben und mit den gemahlenen Mandeln mischen.

3 Eier trennen. Eiweiß mit dem Zucker zu Schnee schlagen. Die geschmolzene Kuvertüre-Butter-Mischung vom Herd nehmen. Erst die Hälfte der trockenen Mehl-Mandelmischung unterrühren, dann die Eigelbe. Ein Drittel vom Eischnee unterziehen. Die zweite Hälfte der Mehl-Mandelmischung und zum Schluss das restliche Eiweiß zügig unterheben und die Masse direkt in den vorbereiteten Rahmen füllen.

4 Das Blech auf mittlerer Schiene in den vorgeheizten Ofen schieben und ca. 25–30 Minuten backen. Den Kuchen komplett auskühlen lassen.

5 Den Kuchen mit einem großen Messer in Rechtecke schneiden. Die Ganache in einen mit Spritztülle (Blütentülle) vorbereiteten Spritzbeutel geben und die Kuchenstücke mit der Schokoladenganache wellenförmig verzieren. Nach Belieben mit Blattgold verzieren.

Tipp: Die Mainhattan Schokoblocks sind ohne Schokoladenganache ein schnell zubereiteter Schokoladenkuchen.

Mainhattan Schokoblocks

Zutaten

ca. 15 Stück

Knusperschicht
80 g Butter
100 g Zucker
100 g Mehl

Brandmasse
125 g Milch
125 g Wasser
5 g Zucker
60 g Butter
2 Prisen Steinsalz
1 Prise Muskatnuss oder Macis
200 g Mehl
3 Eier

Sahnecreme
500 g Vanillecreme/-pudding
4 Blätter Gelatine
250 g Sahne
25 g Apfelschnaps/Calvados

Mispelpüree
1 Dose Mispeln in Sirup
1 Blatt Gelatine

Material
Backblech
Backpapier
Rollholz
Mixstab
Spritzbeutel

Backzeit: 25–30 Min.

1 Für die Knusperschicht Butter, Zucker und Mehl vermengen. Den Teig zwischen zwei Backpapieren mithilfe eines Rollholzes ca. 2 mm hoch ausrollen und kalt stellen; am besten anfrieren.

2 Für das Mispelpüree zunächst die Gelatine in kaltem Wasser einweichen. Die Dose mit den Mispeln in einem Sieb abschütten. Ein Drittel der Früchte in einem kleinen Gefäß mit einem Mixstab pürieren. Die Gelatine in einem kleinen Topf auflösen und unter das Püree rühren. Abdecken und kalt stellen. Die restlichen Mispeln in feine Streifen schneiden und ebenfalls kalt stellen.

3 Für die Brandmasse Milch, Wasser, Zucker, Butter, Salz und eine Prise frisch gemahlene Muskatnuss oder Marcis in einem Topf aufkochen. Das Mehl sieben und hinzugeben. Die Masse so lange rühren, bis sich ein Klumpen bildet und eine flaumige Schicht am Topfboden entsteht. Den Klumpen direkt in eine Rührschüssel geben und leicht ausdampfen lassen. Nach und nach die Eier unter die Masse rühren, sodass eine homogene glatte Masse entsteht.

4 Den Backofen auf 190 Grad Ober- und Unterhitze vorheizen. Das Backblech mit Backpapier auslegen. Die Brandmasse in einen Spritzbeutel mit mittelgroßer Lochtülle geben und die Masse kuppelförmig ca. 6 cm breit mit etwas Abstand auf das vorbereitete Backblech spritzen. Die Knusperschicht aus dem Gefrier-/Kühlschrank nehmen und das obere Backpapier abziehen. Mit einem runden ca. 6 cm Ausstecher den Teig ausstechen und direkt auf jeweils eine Portion der Brandmasse legen. Im vorgeheizten Backofen auf mittlerer Schiene ca. 25–30 Minuten backen. Anschließend auf dem Blech auskühlen lassen.

5 Für die Creme einen Vanillepudding nach Anleitung kochen und kalt stellen. Die Windbeutel mit einem scharfen Messer aufschneiden und den Deckel beiseitelegen. Nun die Gelatine in kaltem Wasser einweichen. Die Sahne in einem Gefäß cremig aufschlagen. Die abgekühlte Vanillecreme mit dem Schneebesen glatt verrühren, mit Apfelschnaps abschmecken und die Sahne nach und nach unterrühren. Die eingeweichte Gelatine gut ausdrücken, in einem kleinen Topf vorsichtig erwärmen/auflösen und zügig unter die Sahnecreme ziehen. Diese anschließend in einen Spritzbeutel mit großer runder Lochtülle füllen und auf das untere Teil des Windbeutels spritzen. Jeweils einen Teelöffel von dem Mispelpüree in die Mitte geben, am Rand mit den geschnittenen Mispelstreifen garnieren und den Deckel aufsetzen.

6 Die gefüllten Mispel in the Air-Törtchen vor dem Servieren nochmals gut durchkühlen lassen. Sollte die Sahnecreme mal zu weich sein, kann der Deckel auch erst nach dem Durchkühlen aufgesetzt werden.

Mispel in the Air

Tipp:
Servieren Sie zum Nachtisch marinierte Erdbeeren aus der Region dazu. Hierfür Erdbeeren waschen, halbieren oder vierteln und etwas Vanillezucker dazugeben.

Zutaten

Biskuit
2 Eier
2 Eigelbe
65 g Zucker
+ etwas mehr zum Bestreuen
2 EL Wasser
65 g Mehl, gesiebt

Rieslingcreme
230 g Riesling (z. B. Lohrberger Hang)
20 g Speisestärke
Saft einer ½ Zitrone
2 Eigelbe
80 g Zucker

Material
Backblech
Backpapier
Kochthermometer

Backzeit: 10–12 Min.

1 Den Backofen auf 180 Grad Ober- und Unterhitze vorheizen. Ein Backblech mit Backpapier auslegen.

2 Für den Biskuit die Eier trennen, Eiweiß mit ca. 1/3 vom Zucker steif aufschlagen. Die Eigelbe mit Wasser und dem restlichen Zucker über einem Wasserbad cremig aufschlagen. Anschließend den Eischnee unter die Eigelbmasse heben, das Mehl dazugeben und dieses locker unterheben.

3 Die Biskuitmasse auf das Backpapier geben, auf 30 x 40 cm aufstreichen und auf mittlerer Schiene 10 – 12 Minuten backen.

4 Nach dem Backen die Oberfläche mit etwas Zucker bestreuen, mit einem weiteren Backpapier abdecken, ein Gitter darauflegen und den Biskuitboden auf das Gitter drehen.

5 Für die Rieslingcreme den Wein mit den restlichen Zutaten in einem Topf auf dem Herd zu einer glatten Creme rühren. Die Creme sollte nicht kochen und maximal 83 Grad erreichen. Falls notwendig, kann die Creme durch ein feines Sieb passiert werden.

6 Das Backpapier vorsichtig vom Biskuit abziehen. Mit einem kleinen Küchenmesser den Biskuit der Länge nach halbieren. Die Creme mithilfe einer Palette auf beide Biskuitteile gleichmäßig aufstreichen. Die bestrichenen Böden je zu einer Rolle aufrollen. Die beiden Rollen vor dem Anschnitt im Kühlschrank gut durchkühlen lassen. Bei Bedarf vorher mit Lebensmittelfolie abdecken, damit die Creme an den Enden keine Haut zieht.

Tipp:
Das Rezept gelingt auch mit einem Apfelsaft von den Obststreuwiesen. Benutzen Sie etwas mehr Zitronensaft, da der Apfelsaft von sich aus mehr Süße in das Rezept bringt.

Biskuitröllchen mit
Rieslingcreme

Zutaten

Masse
5 Eier
125 g Zucker + etwas mehr für die Form
½ Vanilleschote
125 g Butter + etwas mehr für die Form
½ TL Zitronenabrieb
1 Prise Salz
150 g Butterkeks- oder Zwiebackbrösel
75 g Mandelgrieß (alternativ gemahlene Mandeln)

Apfelweinschaum
200 g Apfelwein, trocken (alternativ 180 g Apfelsaft und 20 g Zitronensaft)
1 Spritzer Zitronensaft
70 g Zucker
6 Eigelbe

Material
mittlere Auflaufform

Backzeit: 35 Min.

1 Den Backofen auf 180 Grad Ober- und Unterhitze vorheizen. Die Auflaufform buttern und mit Zucker ausstreuen.

2 Für die Masse zunächst die Eier trennen. Das Eiweiß mit dem Zucker zu Schnee schlagen.

3 Die Vanilleschote mit einem kleinen Messer der Länge nach halbieren und mit dem Messer auskratzen. Das Vanillemark mit der Butter, Zitronenabrieb und dem Salz schaumig schlagen. Nach und nach die Eigelbe dazugeben.

4 Die trockenen Zutaten miteinander mischen. Ein Drittel vom Eischnee vorsichtig unter die Eier-Buttermasse heben. Dann die trockenen Zutaten unterrühren, zum Schluss das restliche Eiweiß zügig unterheben und direkt in die vorbereitete Auflaufform geben. Die Auflaufform auf ein mit Wasser befülltes Backblech stellen und auf mittlerer Schiene 35 Minuten backen.

5 Für den Apfelweinschaum den Apfelwein mit Zitronensaft, Zucker und den Eigelben in einer großen Schüssel verrühren und über einem Wasserbad schaumig schlagen, bis ein dichter Schaum entsteht.

6 Den Frankfurter Pudding mit Apfelweinschaum servieren.

Tipp: Alternativ können Sie den Frankfurter Pudding auch mit einer Vanillesoße servieren.

Frankfurter Pudding mit Apfelweinschaum

Zutaten

1 Vanilleschote
6 Eigelbe
140 g Zucker
500 g Sahne
25 g Krokant
Biskuitboden/Keksboden nach Wahl 27 x 10 cm

Material
Rehrückenform/Kastenform
Frischhaltefolie

1 Die Rehrückenform mit Frischhaltefolie auslegen und beiseitestellen. Die Vanilleschote längs halbieren und mit dem Messer entlang der Schote fahren, um das Vanillemark herauszulösen. Das Vanillemark anschließend mit den Eigelben und dem Zucker in einer Schüssel über einem Wasserbad warm und cremig aufschlagen. Die Schüssel vom Wasserbad nehmen. Mit einem Handrührgerät oder mithilfe einer Küchenmaschine die Ei-Zuckermasse am besten auf einem mit Eiswürfeln gekühlten Wasserbad kalt schlagen.

2 Die Sahne luftig und cremig aufschlagen. Einen Teil der Sahne in die Ei-Zuckermasse geben und vorsichtig unterheben. Anschließend die restliche Sahne dazugeben, den Krokant aufstreuen und alles miteinander vorsichtig mischen. Die Parfaitmasse direkt in die vorbereitete Form füllen. Nach Bedarf mit einem Biskuitboden (siehe Biskuitröllchen, S. 64) oder mit Löffelbiskuits abdecken und direkt einfrieren. Das Parfait am besten über Nacht im Gefrierschrank lassen.

3 Das Parfait aus der Form lösen, in Scheiben schneiden auf einem Teller anrichten.

Tipp: Servieren Sie das Parfait mit frischen Beeren aus der Region. In der Wintersaison passen auch allerlei eingelegte Früchte oder ein Kompott dazu.

»Frankfurter Kranz«-Parfait

Zutaten

30 g Hefe, frisch
150 g Milch, lauwarm
500 g Mehl + etwas mehr für die Form
250 g Ahle Worschd, fein gewürfelt
30 g Grüne-Soße-Kräuter, gehackt
30 g Schalotten, gehackt
10 g Steinsalz
20 g Zucker
2 Eier
150 g Butter, flüssig + 150 g flüssige zum Beträufeln + etwas mehr für die Form

Material
große Gugelhupfform

Ruhezeit: 2:20 Std. | Backzeit: 45 Min.

1 Für den Hefeteig die Hefe in der lauwarmen Milch aufschlämmen und mit 100 g Mehl zu einem Teigansatz verkneten. Diesen 15 – 20 Minuten abgedeckt gehen lassen.

2 Die Ahle Worschd in einer Pfanne anschwitzen, bis diese etwas Farbe annimmt. Aus der Pfanne nehmen und die Schalotten im ausgelassenen Fett anbräunen. Beides beiseitestellen und auskühlen lassen.

3 Zum Teigansatz nun bis auf die Butter alle restlichen Zutaten dazugeben und den Teig kneten, bis dieser sich vom Schüsselrand löst. Zum Schluss die flüssige Butter hinzufügen und den Teig weiterkneten. Den Teig 1 Stunde abgedeckt ruhen lassen.

4 In der Zwischenzeit die Form sorgfältig buttern und mit Mehl bestäuben.

5 Nachdem der Teig aufgegangen ist, die Schalotten, Ahle Worschd und Kräuter hinzufügen und den Teig behutsam kneten, bis dieser gleichmäßig damit durchzogen ist. Den Teig zu einer Kugel formen, in die Mitte ein Loch machen und in die vorbereitete Form legen. Den Teig erneut 45 – 60 Minuten, je nach Raumtemperatur, gehen lassen.

6 Währenddessen den Backofen auf 180 Grad Ober- und Unterhitze vorheizen und den Gugelhupf anschließend 45 Minuten backen. Den »Grüne Soße«-Hupf nach dem Backen auf ein Kuchengitter stürzen und gleichmäßig mit der flüssigen Butter beträufeln.

Tipp:
Sie bekommen Besuch und brauchen zum Wein oder Sekt etwas Herzhaftes? Der Gugelhupf lässt sich wunderbar am Tag vorher backen. Vor dem Servieren nochmals kurz im Ofen erwärmen.

Oberräder
»Grüne Soße«-Hupf

Zutaten

2 Stück

500 g Haselnuss-
nougat, dunkel
80 g Haselnüsse,
gehackt und
geröstet
etwas Puderzucker

Material
Frischhaltefolie
Backpinsel

Ruhezeit: 2 Std.

1 Den Nougat in einer Schüssel bei geringer Wattzahl kurz in der Mikrowelle oder im Ofen erwärmen, sodass dieser leicht teigig wird. Die Haselnüsse dazugeben und mithilfe eines Gummispatels beides mischen, bis die Nussstückchen gleichmäßig verteilt sind.

2 Auf einer Arbeitsfläche zwei Stück Frischhaltefolie auslegen und die Nougat-Nussmasse jeweils hälftig darauf verteilen. Die Masse in der Folie aufrollen und zu einem dicken Strang rollen. Die Folie an beiden Enden schön fest eindrehen, damit die typische Wurstform entsteht. Mit der zweiten Hälfte ebenso verfahren. Sollte die Masse beim Bearbeiten mit den Handflächen zu weich werden, können die Stränge zwischen der Herstellung immer kurz kaltgestellt werden. Hierbei zieht der Nougat etwas an und kann leichter weiterverarbeitet werden.

3 Sobald die gewünschte Form erreicht ist, müssen die Stränge in der Folie mindestens 2 Stunden gut durchkühlen. Am besten über Nacht.

4 Anschließend die Stränge aus der Folie nehmen und mithilfe eines Backpinsels die Oberfläche komplett mit Puderzucker bestäuben. Fertig ist die süße Ahle Worschd.

Tipp:
In Folie und mit einer schönen Kordel verpackt, ist die süße Ahle Worschd ein tolles Geschenk, welches bestimmt für Überraschung sorgt.

Süße Ahle Worschd